LETTRE

A MONSIEUR PITT,

SUR LA PACIFICATION DE L'EUROPE.

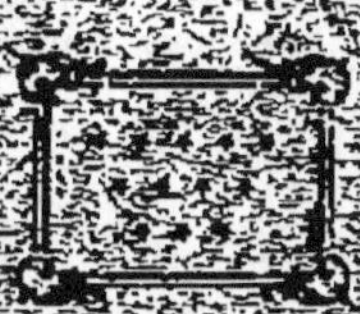

A PARIS,

Chez les Frères Fleschelle et Compagnons Imprimeurs-Libraires, rue Poupée, N° 6.

Et chez les Marchands de Nouveautés.

1795.

LETTRE A MONSIEUR PITT, SUR LA PACIFICATION DE L'EUROPE.

» *Tu vero, cui Seleucia » maxuma urbium, regnumque » persidis inclitis divitiis, est, » quid tandem?.....*

Fragm. de Sallus. Liv. 4. §. 8.

» Vous, qui êtes maître de » de Séleucie, la plus grande ville » du monde, et du Royaume » de Perse, que vous voulez-» vous enfin?.....

Fragm. de Sallus. Liv. 4. §. 8.

MONSIEUR,

PERMETTEZ-MOI de commencer ma lettre par un trait d'histoire, concernant un ministre d'état qui fut, comme vous, tout puissant. C'est M. de Voltaire qui va parler.

» Le cardinal *Albéroni*, premier ministre d'Espagne, » *se mit en tête de bouleverser l'Europe*, et fut sur le point » d'en venir à bout. Il avoit, en peu d'années, rétabli » les finances et les forces de la monarchie espagnole; » il forma le projet d'y réunir la Sardaigne, qui étoit » alors à l'Empereur, et la Sicile, dont les ducs de » Savoye étoient en possession depuis la paix d'Utrecht. » Il alloit changer la constitution de l'Angleterre, pour » l'empêcher de s'opposer à ses desseins, et, dans la » même vue, *il étoit prêt d'exciter en France une guerre » civile*. Il négocioit à-la-fois avec la Porte ottomane, » avec le Czar Pierre-le-Grand, et avec Charles XII. » Il étoit prêt d'engager les Turcs à renouveller la guerre » contre l'Empereur; *et Charles XII, réuni avec le Czar » devoit mener lui-même le prétendant en Angleterre, » et le rétablir sur le trône de ses pères.*

» Ce cardinal, en même tems, *soulevoit la Bretagne » en France; et déja il faisoit filer secrétement, dans le » royaume, quelques troupes déguisées en faux-sauniers, » conduites par un nommé* Colineri, *qui devoit se joindre » aux révoltés.* La conspiration étoit prête d'éclater : » ainsi, le cardinal Albéroni alloit être à-la-fois premier » ministre d'Espagne et de France, et donnoit à l'Europe » entière une face nouvelle.

» La fortune fit évanouir tous ces vastes projets..... » N'ayant pu réussir, ni empêcher les Turcs à consommer » leur paix avec l'Empereur, ni à susciter des guerres » civiles en France, il vit à-la-fois l'Empereur, le régent » de France et le roi Georges, *réunis contre lui.* Tous » ses projets furent déconcertés; et ce ministre, regardé » auparavant comme le plus grand homme d'état qui » eût jamais été, ne passa plus alors que pour un *téméraire* » et un *brouillon* : on ne voulut même donner la paix » à l'Espagne, *qu'à condition qu'elle renverroit Albéroni* ».

Il fut en effet renvoyé; et vous savez que, ne pouvant plus entreprendre de bouleverser les empires, il occupa son loisir à tenter de détruire la petite république de *Saint-Marin*........ N'est-il pas de votre gloire, monsieur, et du véritable intérêt de votre nation, de songer enfin à la paix? Vous paroît-il que la terre n'est point encore assez ensanglantée? Que les humains ne sont point encore assez malheureux, et qu'il reste un degré de misère et d'infortune qu'ils n'ont pas atteint? Eh! plût au Ciel qu'ils fussent, s'il est possible, plus misérables encore, et exempts de forfaits!......

Tout a disparu en Europe; sciences, beaux arts, commerce; industrie, invention, littérature, émulation, politesse, humanité; en un mot, ce qui nous distinguoit des trois autres parties du monde, a fui loin de nous, et l'on ne retrouve plus rien de tout cela, que dans les anciens livres. Tout a disparu! l'Angleterre a surnagé........ Nous reviendrons là-dessus.

Vous ne manquerez pas de dire, vous, monsieur, que c'est, dans le fonds, *le mal français* qui a engendré tous ces maux, et *vous* avez raison de le dire pour votre renommée et pour la cause que vous soutenez; mais moi, qui, et comme témoin oculaire et comme victime, ai calculé les degrés du mal qu'a causé à la France, *seuls*, non pas, je pense, la révolution en elle-même, mais la tyrannie de l'affreux *Robespierre*, ainsi que les degrés de celui que vous avez répandu dans l'Europe *entière*, j'ose vous assurer (et vous en êtes d'ailleurs très-persuadé dans votre conscience; car, quoique vous soyez ministre, elle doit vous parler le langage de la vérité :) j'ose donc vous assurer que si la France, l'empire Germanique, la Prusse, l'Espagne, une partie de l'Italie, la Hollande et toute la Belgique ne sont plus que des squelettes, des fantômes d'état, en comparaison de leurs grandeurs passées, c'est à vous, à vous seul, monsieur, qu'elles doivent s'en prendre; et si vos partisans disent que vous êtes l'ange tutélaire de la grande Bretagne, moi, qui suis de l'opposition, je dis que vous êtes l'ange exterminateur de toutes les autres contrées (1).

En effet, n'est-il pas vrai (et j'en appelle encore à votre propre conscience), que c'est vous, vous seul, par l'ascendant de votre génie et les argumens irrésistibles de l'or, dont vous disposez, qui avez armé, et tout récemment encore?...... Mais qu'est-il besoin de rappeller ce que vous savez si bien, et ce que personne n'ignore? mon dessein, d'ailleurs, n'est pas de vous parler des maux passés, mais du bien à venir; des maux que vous avez faits, mais du bien que vous pouvez faire; de la guerre actuelle, mais de la paix future; de la vieille haine des Anglais contre les Français, mais de l'étroite union qui devra, tôt ou tard, régner entre ces deux nations, qui, par la force et le génie, sont autant au-dessus de toutes les autres, que le lion et l'aigle sont au-dessus de la taupe et du scorpion. Je ne prétends donc pas rouvrir les blessures, mais bien les fermer tout-à-fait, s'il est possible : je ne prétends pas, sur-tout, vous dire la moindre injure.

Par la même raison il seroit superflu, même puérile, de vanter à un homme d'état tel que vous, les avantages

---

(1) Robespierre avoit fait décréter ridiculement, *que vous étiez l'ennemi du genre-humain*. Ce langage étoit assez plaisant dans la bouche du plus stupide des animaux féroces; mais quoi penser, toutefois, si vous ne vous en montrez pas *l'ami* en vous prêtant à la paix?

de la paix, et sur-tout, d'une paix générale ; à vous, qui, dans une conjoncture de peu d'importance, par rapport à la situation présente de l'Europe, je veux dire dans la maladie du roi d'Angleterre, avez montré tant de sagesse, de prévoyance, et un desir si grand de mettre la paix dans sa famille et dans toutes les parties du royaume, prêtes à s'entrechoquer, en quoi vous avez parfaitement réussi ; et je vous dirai, à ce sujet, que c'est un des momens de tout votre ministère où, à mon avis, vous avez le plus fait preuve du grand homme d'état ; car il est bien plus difficile et bien plus glorieux, dans les instans de crise et d'effervescence, de résister au torrent de ses ennemis, et de pacifier en même tems son pays, que d'être le tonnerre qui met le feu aux quatre coins de la terre ; et le nom de Louis XII est bien moins périssable que celui de Louis XIV, qui finit, comme cela devoit arriver, par être malheureux, et presqu'écrasé sous le poids de ce même Univers qu'il avoit, seul, fait trembler.

Ainsi, je vais vous parler de la pacification générale, sous plusieurs autres points de vue, et, en premier lieu, sous ceux qui ont rapport à vous et à l'Angleterre ; et, sous ces deux rapports seuls, je parlerai de tout, puisque vous embrassez l'univers.

D'abord, un homme de génie tel que Pitt, ne doit point négliger les exemples ; jamais il ne se doit croire au-dessus d'eux ; et plus un ministre est élevé et paroît affermi, plus les exemples nous confirment qu'il est souvent près de sa chûte ; sur-tout lorsqu'il a, comme vous, tant de peuples intéressés à le faire rentrer dans la classe ordinaire ; sur-tout lorsqu'il brille, comme vous, d'un éclat qui éclipse tous les autres. Et à quoi, monsieur, vous auroit, jusqu'à présent, servi l'histoire, si vous n'y aviez vu retracés les modèles de prudence, de probité, de désintéressement et d'harmonie politique, qui vous ont caractérisé jusqu'au jour fatal où vous avez juré l'anéantissement de la France (1), l'épuisement de vos

(1) Convenez de bonne foi, monsieur, (mais vous n'en conviendrez pas) que vous appréhendez bien moins l'introduction du mal français, chez vous, que vous n'avez toujours sur le cœur la partie de l'Amérique que la France vous a ravie. *Inde iræ !* Mais la chose est faite.

propres alliés, la ruine des neutres, l'ébranlement de l'Europe entière ?

C'est dans l'histoire que vous preniez alors, pour exemple, les grands hommes qui ont gouverné sagement les empires ; car j'appelle aussi du nom de *grand*, celui qui, tout seul, fait le bonheur de millions d'hommes, fût-il même doué d'un esprit médiocre ; et dans ce sens, *Sully* et *Fleury* sont cent fois préférables à *Richelieu*, et à vous aujourd'hui, quoique vous et Richelieu, les surpassiez cent fois en génie. Que vous dirai-je de plus ? vous sembliez alors, avoir pris *Machiavel* pour votre régulateur (1), ou plutôt vous le retrouviez tout entier dans votre illustre père.

Mais, de même que l'exemple sert, l'exemple nuit aussi. A côté de ces grands modèles de sagesse, de ces grands amis de l'humanité et de la tranquillité imperturbable de l'Europe, quoiqu'ils fussent, comme vous, ministres d'état, vous avez vu dans l'histoire d'autres qui, sous le nom impropre et usurpé de *grands hommes*, n'ont été que le fléau de leurs contemporains. Le brillant de ceux-ci vous a séduit ; vous avez laissez la solide gloire pour la fausse ; vous n'êtes plus, en un mot, le Pitt d'avant la révolution française ; et je prononce (car il faut bien, monsieur, que je vous juge par vos actions) que vous avez enfin préféré, dans les annales du monde, la vie de *Catilina* à celle de *milord Chatam*. . . . Pardonnez-moi cet odieux nom romain, lequel je n'ai lâché qu'après avoir mûrement discuté dans moi-même s'il vous convenoit. Eh ! n'êtes-vous pas, dans le fait, le conspirateur, par excellence, de notre hémisphère ? . . . vous, qui en seriez demain le pacificateur, si vous vouliez.

Non que je prétende exiger, dans un homme d'état moderne, les antique vertus de *Cicéron* et de *Caton* ; on ne les retrouve plus même dans des simples citoyens ;

---

(1) Je ne crois point pouvoir faire de vous un plus bel éloge, que de vous comparer à *Machiavel* (voyez la fameuse note de *Rousseau*, au Contrat Social, sur ce grand homme) comme je ne crois pas pouvoir vous avilir davantage, que de vous assimiler tout-à-l'heure à *Catilina*.

comment donc les chercher dans un premier ministre ? Mais je voudrois que celui qui s'étoit montré si dignement à l'univers, reprît son premier caractère ; je voudrois que celui qui s'étoit annoncé comme un ministre autant parfait qu'un ministre peut l'être, ne se découvrit point aujourd'hui avec toutes les imperfections d'Albéroni, et le caractère (il faut le répéter) de Catilina ; je voudrois enfin, monsieur, et pour votre gloire, et pour l'honneur de l'Angleterre, et pour le bonheur du monde, que vous redevinssiez tel que vous fûtes autrefois. Voilà mon vœu ; c'est celui de toute l'Europe ; c'est celui de la France en particulier ; c'est celui de l'Angleterre même, n'en doutez pas, malgré le commerce presqu'exclusif des deux mondes, que vous lui avez procuré ; et cela, aux dépens non-seulement de vos ennemis et des puissances neutres, mais encore de vos propres amis et alliés, tant votre génie, je l'avoue, est vaste et fécond en ressources ; tant celui de vos alliés est rétrécit et peu clairvoyant.

Or, si nous retournons à l'histoire et aux exemples mémorables qu'elle nous présente ; exemples que vous devez, monsieur, d'autant moins perdre de vue, qu'ils sont analogues à votre position ; nous y lirons que si, même parmi les hommes d'état qui ont bien mérité de leur patrie, il y en a eu peu qui, malgré cela, aient eu une fin heureuse, et digne de leur travaux ; il n'y a du moins jamais eu aucun de ceux qui ont mal gouverné, et à plus forte raison de ceux qui ont tenté de renverser les empires, qui ait fini, je ne dirai pas heureusement ; mais qui n'ait pas fini d'une manière tragique, et digne de leurs sinistres projets.

Je m'abstiendrai d'articuler ici spécifiquement ces exemples, pour deux raisons : la première, parce que je croirois faire injure à vos lumières de vous retracer des faits historiques de ce genre, qui vous sont, à coup sûr, plus familiers qu'à moi : la seconde, parce qu'après vous avoir associé à Catilina, tout ce que je pourrois dire seroit au-dessous ; et, puisque nous sommes sur son chapitre, je vous demanderai si vous pensez qu'en effet j'ai outré la comparaison, en mettant votre conduite présente en parallèle avec la sienne, ou bien que je vous ai trop abaissé en vous comparant à un insensé ; mais si cela et, désabusez-vous; car il ne lui a manqué que d'être vertueux, pour devenir l'un des plus grands hommes de son tems. Relisez *Salluste*, et voyez votre portrait, ainsi que la conduite que vous tenez aujourd'hui envers nous.

« *Fuit magni vi et animi et corporis. . . . . . Corpus* » *patiens inediæ, algoris* (ici la comparaison est en défaut; car je crois bien que vous n'avez jamais souffert ni le froid, ni la faim) *vigiliæ, supra quam cuiquam cre-* » *dibile est. Animus audax, subdolus, varius, cujuslibet* » *rei simulator ac dissimulator* (Quel excellent ministre il eût été!) *ardens in cupiditatibus; satis eloquentiæ, sapientiæ parum.* (Vous êtes, par exemple, plus éloquent que Catilina; mais souffrez, monsieur, que je vous dise franchement que vous n'avez pas prouvé, *dans ces derniers tems*, que vous fussiez pourvu de beaucoup plus de jugement que lui (1)).

« *Vastus animus immoderata, incredibilia, nimis alta* » *semper cupiebat. Hunc lubido maxuma invaserat* » *reipublicæ* (*tu vero Gallicæ*) *capiundæ; neque, id* » *quibus modis assequeretur, dum sibi regnum pararet,* » *quidquam pensi habebat. . . . .* »

Mais la comparaison iroit peut-être trop loin; il vous faut toutefois rendre cette justice (que ne puis-je vous en rendre une plus grande, touchant la paix!), qu'il y a cette différence entre Catilina et vous, que celui-là a conspiré contre sa patrie propre; et, quoique vous soyiez le premier ministre d'un roi, vous serez nonobstant forcé d'avouer que c'est, de tous les crimes, le plus grand; au lieu que vous, monsieur, vous n'avez fait que. . . . . Je m'arrête! je sens que je vous donnerois presqu'une demi-louange! Je vous la réserve toute entière après la paix.

---

(1) Si je ne craignois de manquer à la politesse, j'irois jusqu'à vous dire que, si *Frédéric-le-Grand* eût vécu, et le lord *Chatam*, à votre place, les affaires eussent pris une toute autre tournure; et j'entends, entr'autre, une pacifique. C'auroit été le chef-d'œuvre de la politique, de pouvoir maintenir le reste de l'Europe dans une assiette tranquille, au milieu des épouvantables tremblemens de terre qui ont agité la France depuis 1789; mais la sottise des cours n'a pas voulu d'un pareil chef-d'œuvre, et elles ont préféré se mettre aussi à deux doigts de leur perte.

La Prusse et l'Espagne l'ont fait avec la France ; et à Dieu ne plaise qu'il me vienne dans l'esprit le plus léger soupçon contre la foi de ces deux puissances, ni que je croie cette paix *boiteuse* et *mal-tissue* ! L'empereur et l'empire sont, dit-on, sur le point de consommer également la leur. Il y a quatorze mois, ils eussent rejeté avec hauteur toute proposition à ce sujet, et ils auroient eu raison ; car, n'auroit-ce pas été le comble de l'ignominie de traiter avec un Robespierre, un Collot ? Pour moi, monsieur, je sens que si j'avois le malheur d'être roi, ou l'honneur d'être ministre, je perdrois plutôt ma couronne ou le ministère, que de conclure ou contresigner le moindre article, avec des monstres de cette nouvelle espèce ; outre qu'il n'y auroit jamais eu rien d'assuré avec eux. Ah ! monsieur, si vous aviez pu voir, du haut de votre hôtel, ces quarante-huit belles prisons de Paris ; ces beaux comités à bonnets révolutionnaires bien rouges, bien de couleur de sang, composés de Napolitains, Milanais, Anglais, Allemands, Espagnols, Mulâtres, Huns, Vandales, Gots, Visigots, Ostrogots, et de quelque peu de l'ancienne valetaille française, et des savetiers du coin !!.... Mais, monsieur, je vais encore mettre bien indiscrètement ma main à votre conscience, et vous demander si vous n'avez pas eu une petite part aux cruelles gentillesses de cette horde ? Si cela étoit, comme beaucoup d'honnêtes gens n'en doutent point, je vous en témoignerois ici toute ma reconnoissance, ayant eu les honneurs *de quatre prisons, durant onze mois* ; ainsi, le *quæque ipse miserrima vidi* est pour moi ; et le *et quorum pars magna fui,* est pour vous.

Au reste, les tems des forfaits sont passés, et passés pour toujours. Vous pouvez aujourd'hui, avec bienséance et avec dignité, traiter de la paix avec les Comités du gouvernement français, et d'autres puissances vous en ont frayé le chemin. Vous le devez ; et votre propre gloire, qui doit être chez vous le premier des stimulans, et le bonheur solide de votre pays, et le bonheur général de l'Europe, vous en prescrivent l'impérieuse loi. Ne résistez donc pas davantage aux vœux de quatre-vingt millions d'hommes, qui sont las d'une guerre d'opinion, qui est la sœur utérine des guerres de religion. Et, quoique dans le fait vous soyez roi d'Angleterre, d'Ecosse et d'Irlande, je vous le répète ; gardez-vous de penser que votre puissance soit tellement affermie et inébranlable, que rien ne puisse l'attaquer. Voyez *Chouskul*, qui étoit aussi roi, de France et de Navarre! que dis-je, contemplez la tête de Louis XVI, et pâlissez! Et après tout, qu'êtes-vous près de lui ?. . . . . . Rien.

La paix! monsieur, la paix! il en faut revenir là; et le plus sage est celui qui y revient le plutôt.

Si, du rang élevé où vous êtes, vous pouviez me parler avec la même liberté que je vous écris, et sur-tout avec la même franchise, vous me répondriez, peut-être: que votre gloire est établie assez solidement, puisque vos contemporains, jusqu'à vos ennemis mêmes, vous appellent déjà d'avance du nom de *grand homme*; que le bonheur de l'Angleterre est établi d'une façon bien plus solide encore, vu qu'elle jouit exclusivement de l'empire de la mer; que vous faites seul le commerce du monde; que vous êtes parvenu à réaliser la tyrannique maxime d'un de vos plus célèbres membres du parlement, *de ne point souffrir que l'on tire, sur la mer, un seul coup de canon, sans la permission du pavillon anglais*; qu'enfin, suivant une autre maxime, *celui qui est le maître de la mer, est le maître de la terre*, et que vous le prouvez par votre supériorité absolue dans tous les genres, sur les autres puissances. Vous me répondriez encore: que quand au bonheur général de l'Europe, vous n'en êtes point responsable; que tout gouvernement doit s'efforcer, en particulier, d'opérer celui du pays qu'il régit, et qu'il vous suffit à vous, de faire, autant qu'il est possible, le bien de celui que vous gouvernez. Voilà à-peu-près, je pense, ce que vous me diriez.

Mais, quoique je n'aie nulle envie de jouer ici la controverse de l'école, sur-tout avec un homme de la cour, permettez cependant que je vous réplique: que si, par une ces bisarreries, par une de ces inconséquences si ordinaires de l'esprit-humain, le nom de grand homme, de profond politique, doit être accordé à celui qui, froidement du fond de son cabinet, remue tout l'univers et en fait un squélette, ce nom ne vous sera assurément jamais contesté; nous vous le décernerons tous par acclamation; et *Louvois* (qui avoit d'ailleurs, ainsi que vous, d'autres grandes qualités) est aussi, monsieur, un très-grand homme, un très-profond politique, puisqu'il est parvenu à faire armer l'Europe, à faire périr des milliers d'hommes, *pour une fenêtre !* . . . . (1). En vérité, convenez avec moi que le monde est souvent gouverné par de grands foux.

Mais si ces titres ne doivent se donner qu'à ceux qui calculent le bonheur commun, et qui éteignent l'incendie au lieu de le promener autour de la maison, ces beaux titres vous seront entièrement refusés ; et l'impartiale postérité marquera, à côté des faits qui vous ont ci-devant illustré, qu'il n'a tenu qu'à vous de pacifier l'Europe, et que vous ne l'avez pas voulu ; et si, contre toute attente, celui d'homme de génie contente votre ambition et vous suffit, sans vous soucier d'aucune autre qualité, tant pis pour vous, monsieur ; car Catilina, Olivier Cromwel, Mirabeau, etc., étoient pareillement des hommes de génie ; mais quel génie !

Je vous répliquerait encore que l'empire des mers ne peut vous appartenir despotiquement, comme il vous appartient aujourd'hui, dès l'instant que l'équilibre de la balance de l'Europe sera une bonne fois rétabli : or, je ne pense pas qu'il puisse tarder à se rétablir ; et j'en appelle là-dessus à votre pénétrante sagacité. A la vérité, je conçois bien que vous conserverez encore, quelque tems, la suprématie ; mais non pas cette insupportable tyrannie de toutes les mers ; et je dis, *quelque tems* ; car j'imagine que vous êtes éloigné de ne pas croire que, tôt ou tard, les puissances maritimes de l'Europe, même les Etats-Unis d'Amérique, vos ennemis naturels, se ligueront contre vous pour se venger du mal que vous leur avez fait, et empêcher celui que vous leur voudriez faire : et alors considérez que de nombreux et puissans ennemis vous aurez sur les bras, et vous personnellement. Ajoutez que la marine française se relevera infailliblement de cet état de délabrement où l'a plongé le système désorganisateur de Robespierre, et l'impéritie de *Jambon-Saint-André*, et qu'elle ne manquera pas de s'unir à eux. Il n'y a donc que

(1) On devroit bien nous montrer, à Versailles, cette terrible fenêtre, comme l'on voit, à Paris, celle où le jeune Charles IX tiroit sur les Calvinistes, ses ennemis.

la paix qui puisse vous tirer cette grosse épine du pied: je ne vois que la paix qui puisse vous raccommoder avec tout le monde, et vous faire détourner entièrement le précipice, sur lequel vous êtes déjà penché à mi-corps.

Je vous répliquerai en outre, que, quoique l'Angleterre fasse aujourd'hui, presque seule, tout le commerce de l'Europe, elle n'en est pas plus opulente, ni ses insulaires plus heureux; car, si son commerce immense est le résultat de la guerre, tout le fardeau immense de la guerre qui pèse sur elle, est aussi le résultat de son commerce; elle est le Turcaret de la cour de Berlin, madame la ressource de celle de Vienne, la prêteuse au hasard des émigrés, la chèvre amalthée que les Jupiters du monde tètent; et cela doit être ainsi, puisqu'elle seule s'en richit aux dépens de tout le monde. L'Angleterre semble survivre aux trois quarts de l'Europe frappés de mort, et leurs décombres lui servent comme de piédestal; mais, quels peut-être le bonheur, la gloire, la jouissance, la durée d'un homme qui vivroit tout seul au milieu des cadavres? A l'exemple de *Deucalion* et de *Pyrrha*, vous serez obligés, si la guerre continue, de jeter des pierres derrière vous pour repeupler la terre, pour ne point vous trouver seuls. O fiers Anglais! voilà, dans deux ans, votre empire!

Je vous répliquerai enfin, que vous êtes responsable, monsieur, du malheur général de l'Europe; puisque c'est vous qui procurez, qui inventez tous les moyens de prolonger la guerre; puisque c'est vous qui dominez et entraînez toutes les cours, comme l'homme de génie domine et entraîne l'homme médiocre; puisque, sans vous, la paix viendroit d'elle-même, par l'impossibilité où sont, sans vous, vos alliés de continuer la guerre. Tout cela est bien dur et bien triste à vous dire; mais tout cela est bien vrai.

Que vous dirai-je de plus? que vous avez mis l'Europe dans un tel état de foiblesse, par une guerre d'opinion que vous avez alimentée, que, si les Russes, qui sont, sans exception, les troupes les plus belliqueuses que nous connoissions, et les Turcs qui sont les plus courageuses, à l'exception des Françaises, vouloient s'unir bien étroitement en cet instant, et fondre de concert sur cette même Europe ; je ne doute aucunement (ni vous, monsieur, je pense ; réfléchissez-y bien) qu'ils ne parvinssent à l'envahir toute entière, et à renouveller ces fameuses conquêtes, dont le seul récit nous effraye dans l'histoire. Comment voudriez-vous en effet que l'Europe en combustion, partagée en cinq ou six grands partis, divisée en une vingtaine de grandes factions, subdivisée en cent mille petites, se déchirant les entrailles de ses propres mains, détruisant l'édifice de sa grandeur passée, et s'ensevelissant toute entière avec lui ? Comment voudriez-vous qu'elle résistât à une masse de huit cent mille combattans au moins, tous unis du même desir dévorant, celui d'une conquête infaillible, dont les premiers pas en seroient une, sans coup-férir, et qui, ne trouvant dans le champ de bataille que des royalistes épuisés, des patriotes tout aussi épuisés, et quelques neutres fatigués des deux partis, n'auroient qu'à se présenter pour vaincre et réaliser le *veni, vidi, vici* du grand *César* ?

Assurément, avant que la guerre d'opinion n'eût tourné toutes les têtes, avant que vous l'eussiez entretenue, et, peut-être même fomentée, afin de réaliser encore la fatale maxime des cours, *divide et impera* ; maxime, qui, si elle devient nuisible, tôt ou tard, à celui qui la met en usage, n'est du moins pas, comme je l'avois toujours pensé, inexécutable, puisque vous la mettez si bien en exécution ; en un mot, avant la révolution de 1789, ç'eût été sans doute une folie, une extravagante domquichotterie au Grand-Turc et à Catherine II, bien plus grande que lui, de penser seulement à vouloir subjuguer la moitié de l'Europe, dont toutes les forces réunies, combinées et dirigées par d'habiles généraux, n'auroient pas manqué de creuser bientôt le tombeau des conquérans ; mais dans la crise et le déchirement où sont aujourd'hui les trois quarts de cet hémisphère, et l'état pitoyable d'inertie et de nullité où est l'autre quart, je le répète, sa conquête seroit infaillible : et quels seroient nos moyens de défense à nous tous, malades ou moribonds, contre trois cent cinquante mille

Russes, (1) et cinq cent mille Turcs; les uns, si robustes, si disciplinés, si vaillans; les autres, si héroïquement, si aveuglément courageux, tous ensemble, n'ayant jamais connu ni la fuite, ni la désertion? Cette dernière espèce de lâcheté n'étant connue que des seuls Européens.

Si j'avois à parler à l'un de ces hommes ordinaires qui approfondissent peu, ou qui n'approfondissent point du tout les choses, il pourroit se rire de mon coup-d'œil politique, avec la morgue des petits esprits, et son sourire et sa morgue m'importeroient fort peu; mais ayant à parler à monsieur Pitt; qui a tout vu, tout lu, tout médité, tout deviné, et sur-tout qui ne méprise rien, il ne lui doit point être étrange que j'appréhende l'invasion simultanée des Turcs et des Russes, dans le délire actuel du globe, puisque la plus forte tête, que la France ait eu, (*le Président de Montesquieu*), et que votre nation préfère à tous, avec justice, au point d'en dire orgueilleusement : *qu'il étoit fait pour être Anglais*; pousse l'appréhension bien plus avant, quand il écrit, (2) en parlant seulement des Turcs : *que celui qui leur apprendra le métier de la guerre, doit être regardé comme le plus grand ennemi de la liberté de l'Europe*; et observez qu'il parle de l'Europe pacifique, et dans un tems où la France, toute brillante de sa propre splendeur, faisant briller en outre du reflet de sa lumière les puissances du second ordre, tenoit souverainement la balance de l'Europe dans sa main. Il n'y avoit pour lors rien à craindre.

---

(1) Vous êtes à portée de savoir mieux que moi, monsieur, que ces deux premières puissances du monde peuvent mettre ensemble sur pied, une armée de plus de 800 mille hommes, sans dégarnir l'intérieur, sans craindre qu'un Robespierre fasse empâler le maître pour se mettre à sa place.

(2) Je dois vous observer, monsieur, mais sans la moindre prévention, que, à l'exception du passage d'Albéroni, j'écris de mémoire, et sans aucun livre quelconque. Ainsi, il est possible que je ne cite pas textuellement Montesquieu; mais je suis du moins bien sûr d'en transcrire fidèlement ici le sens, et cela suffit.

Mais, monsieur, que n'eût point dit ce grand homme, et que n'eût-il point appréhendé, s'il eût pu voir le règne de Catherine II, et ce demi-million et plus, de géans aguerris qu'elle a à sa solde ? S'il avoit pu voir le Turc discipliné, et dirigeant les bouches infernales avec presque autant d'art que les Européens ? S'il avoit pu voir, en mourant de douleur et de désespoir, l'apparition de Robespierre et l'Europe dans cet état de paralysie qui la laisse en proie au premier grand capitaine étranger ; et, pour trancher le mot, qui la laisse en proie aux Russes et aux Turcs, si toutefois ils daignoient la conquérir ?

Ainsi, dès que l'un des plus sages et des plus profonds politiques de ce siècle a pu croire, par ses méditations, et la grande connoissance qu'il avoit du génie et de la force de tous les peuples de la terre, que les Turcs seuls, une fois aguerris et disciplinés, pourroient asservir l'Europe, quoique paisible et nullement déchirée, comme elle l'est aujourd'hui ; ce n'est plus assez d'avoir une simple appréhension que l'Europe, divisée, ne devienne la conquête du Turc et du Russe coalisés ; mais il est conséquent d'avancer et d'établir en principe politique qu'elle la deviendra : et le jour de son asservissement datera du jour où ces deux colosses de puissance abjureront *sincèrement* la haine nationale qu'elles se portent mutuellement. Heureuse haine, qui es le salut de l'Europe, puisses-tu ne finir jamais ! Et vous, monsieur, donnez-nous la paix ! Devenez, après cela, la sentinelle de nous tous sur ces deux redoutables empires qui nous menacent ; et, puisque vous possédez dans un degré éminent, le malheureux talent de souffler le feu de la discorde ; soufflez-le, je vous supplie, parmi eux d'une telle force, qu'il ne puisse s'éteindre ; et moi aussi, sur-tout si vous vous prêtez à la paix ; et moi aussi, je serai pour lors le premier à crier de tous mes poumons : *Pitt a, pour le coup, bien mérité de la Patrie !* . . . . . .

Je vous ai beaucoup parlé de paix ; mais, monsieur, quelles en seront les conditions ? Quant à moi je l'ignore ; tout ce que ma politique peut deviner, c'est que, tôt ou tard, les choses rentreront dans leur ordre naturel ; je m'explique.

La France aura éternellement l'Empire de tout ce qui se trouve depuis les Pyrénées jusques au Rhin, mais jamais au-delà, ainsi l'a fixé la nature, et sa part est belle. Si plus-tard, soit en contemplation de la paix, soit pour tout autre motif louable, elle se relâche des Pays-Bas et de celui de Liège, c'est qu'elle voudra bien s'en relâcher; car, ayant Luxembourg, ce Gibraltar du Nord, et Maëstricht en son pouvoir, il n'y a aucune force humaine qui puisse la contraindre à rétrograder; ni même quand elle ne posséderoit point ces deux places. Je pose donc en fait que, dans tous les tems, dans toutes les circonstances, la conquête de la Belgique et de la Hollande, n'est qu'une *promenade* pour les Français; soit qu'on les rende, soit qu'on les reprenne, soit qu'on les rende encore. Toutes ces belles et riches provinces jusqu'au Rhin, sont et seront toujours à la discrétion de la bayonnette française. Je crois, monsieur, que vous n'en doutez aucunement. Je répète donc que tout ce qui se trouve depuis les Pyrénées jusqu'à ce fleuve est, forcément et naturellement, le patrimoine de la France; et je pose cela comme un principe fondamental en politique.

L'Angleterre conservera toujours la supériorité sur les mers, parce que la nature, en vous jetant au milieu des eaux, vous a obligés à devenir un peuple de marins, et les premiers marins de la terre.

La maison d'Autriche sera constamment le colosse de l'Allemagne, et par l'immensité de ses possessions, et par la dignité d'Empereur qui lui est devenue comme héréditaire, et par le respect que cette dignité imprime aux Allemands. Cette maison subjugueroit, tôt ou tard, l'Allemagne jusqu'au Rhin, sans la Prusse, qui est la sentinelle de l'Allemagne sur cette redoutable maison; et c'est un coup de maître de la France d'avoir rendu la maison de Brandebourg si puissante, pour servir de frein aux ambitieux projets de celle de Habspourg. Il ne faut pas cependant trop affoiblir cette dernière, vu qu'elle-même elle est l'unique barrière à opposer à ceux de la Porte ottomane contre la liberté de l'Europe. Tel est ce bel équilibre à rétablir par un traité de pacification générale, auquel devront concourir toutes les puissances sans exception, et cela *sans délai*, si l'on ne veut pas que les pauvres humains s'entredévorent comme des loups pleins de rage (1).

J. B. HÉNOUL.

Paris, ce 6 Fructidor, correspondant au 26 Août.

(1) Je ne parle point de l'Espagne, de la Suède, etc., parce que ma lettre auroit été trop longue.

De l'Imprimerie des Frères FLESCHELLE et Compagnie, rue Poupée, N°. 6.

www.ingramcontent.com/pod-product-compliance
Lightning Source LLC
LaVergne TN
LVHW010423230826
846091LV00009BA/3670

9782013564380